ARMÉE D'ITALIE

Liberté   Egalité

Au Quartier Général de Milan le 1.er Thermidor an 5.me de la République Française une et indivisible.

RELATION de la Fête célébrée par l'Armée de la République Française, en Italie, à l'occasion de l'Anniversaire de la mémorable journée du 14 juillet, époque choisie par le Général en Chef, pour donner aux demi-brigades de l'Armée, les nouveaux Drapeaux qui rappellent les Batailles dans lesquelles chacune a concouru à la Victoire : Et Adresses individuelles des Soldats et Officiers de l'Armée ; à ceux de l'Armée de l'Intérieur et au Directoire Exécutif.

L'Armée d'Italie, aussi résolue à maintenir la Constitution de l'an TROIS, et à combattre les Royalistes, sous telle forme qu'ils se présentent, qu'elle est terrible contre les Ennemis extérieurs, a vu, avec indignation, les agitations du Royalisme.

Un cri général et spontané s'est fait entendre, au même instant, de toutes les parties de l'Armée d'Italie ; et chaque Division, émule l'une de l'autre, a donné, à la fête du 14 juillet, cette dignité produite par l'enthousiasme qui animoit tous les coeurs.

Dans chaque Division une Pyramide a été élevée, ayant autant de faces que la Division a de demi-brigades ; et sur chacune des faces ont été inscrits les noms des Officiers et Soldats des demi-brigades, tués au champ d'honneur depuis la bataille de Montenotte.

Un Champ de Mars, dans chaque Division, a été orné de tous les attributs représentans les Victoires de l'Armée, et les emblêmes de la Liberté, de la République Française une et indivisible, et de la Constitution de l'an TROIS.

Des manoeuvres ont précédé la fête. Les braves blessés dans la Campagne, ont défilé devant l'Armée, qui leur a rendu les premiers honneurs.

Les nouveaux Drapeaux ont été échangés au pied des Pyramides élevées aux Mânes des Braves morts au champ d'honneur; des fanfares, une musique guerrière, des discours, des hymnes patriotiques et des salves d'artillerie se sont succédés. Cet élan d'amour de la Patrie, qui animoit tous les coeurs; ce sentiment de haine pour le Royalisme, avoient dicté, dans toutes les Divisions, des adresses à l'Armée de l'intérieur; chaque bouche les répetoit; chaque coeur les avoit signé.

Des banquets fraternels, des jeux d'escrime, des tires à la cible, du canon, du fusil et du pistolet, des courses à pied et à cheval, ont rempli le reste de la journée. La soirée et toute la nuit se sont passées à danser.

Tels sont les résultats des Procès-verbaux de chaque Division de l'Armée; tel est l'ensemble de la fête.

Mais nos braves frères d'armes des autres Armées; mais tous les Patriotes liront, avec enthousiasme, l'Adresse du Général en Chef de l'Armée, et celles qui, spontanément, avoient été faites par toute l'Armée, et qui ne peuvent se donner par extrait.

BONAPARTE,

GÉNÉRAL EN CHEF DE L'ARMÉE D'ITALIE,

A L'ARMÉE.

SOLDATS !

C'est aujourd'hui l'anniversaire du 14. juillet. Vous voyez devant vous les noms de nos compagnons d'armes, morts au champ d'honneur pour la Liberté de la Patrie. Ils vous ont donné l'exemple; vous vous devez tout entier à la République; vous vous devez tout entier au bonheur de trente millions de Français; vous vous devez tout entier à la gloire de ce nom, qui a reçu un nouvel éclat par vos victoires.

Soldats ! je sais que vous êtes profondément affectés des malheurs qui menaçent la Patrie. Mais la Patrie ne peut courir de dangers réels. Les mêmes hommes qui l'ont fait triompher de l'Europe coalisée, sont là. Des montagnes nous séparent de la France ; vous les franchiriez avec la rapidité de l'aigle, s'il le fallait, pour maintenir la constitution, défendre la Liberté, soutenir le gouvernement et les Républicains.

Soldats ! le gouvernement veille sur le dépôt des Lois qui lui est confié. Les Royalistes, dès l'instant qu'ils se montreront, auront vécu. Soyez sans inquiétude ; et *jurons par les mânes des héros qui sont morts à côté de nous pour la Liberté, jurons sur nos nouveaux drapeaux, GUERRE IMPLACABLE AUX ENNEMIS DE LA RÉPUBLIQUE ET DE LA CONSTITUTION DE L'AN TROIS.*

A' MILAN

Le Général en Chef, célèbre la fête avec cinq demi brigades et deux Régiments de Cavalerie Française, les Légions Cisalpines et deux Régiments de Cavalerie.

Après différentes manœuvres, les troupes se rangent en Bataillon quarré autour de la pyramide, sur la quelle sont écrits les noms de tous les militaires morts au champ d'honneur. Les vétérans, les blessés de l'armée défilent, le tambour battant au champ et au bruit des salves d'artillerie ; après quoi le Général en chef passe la revue.

Arrivé aux carabiniers de la 11.me 1/2 Brigade d'infanterie légère.

Braves carabiniers, leur dit-il, *je suis bien aise de vous voir : vous valez à vous seuls 3000. hommes.*

Il voit avec un égal intérêt la brave douzième d'infanterie légère ; arrivé a la 13.me qui formait la garnison du château de Véronne, *braves soldats*, leur dit-il, *vous voyez devant vous les noms de vos camarades assassinés en votre présence, à Véronne, mais leurs mânes doivent être satisfaites, les tyrans ont péri avec la tyrannie.*

Les drapeaux sont autour de la pyramide. Le corps des officiers de chaque demi brigade, précédé de la musique, vient les recevoir ; le Général *Bon* remet les drapeaux aux chefs des corps ; le Général en chef leur dit : *Citoyens, que vos drapeaux soient toujours sur le chemin de la liberté et de la victoire.*

Le Général la Hoz commandant les troupes Cisalpines remet à ses trois cohortes les drapeaux. Le Général en chef leur dit: *Cisalpins, que vos légions se distinguent par leur discipline, et qu'elles soient les colonnes inébranlables de la liberté et de l'indépendance Cisalpine.*

Des Hymnes patriotiques, des discours remplis des plus purs sentiments de la liberté précèdent les jeux et les courses.

Pendant que l'Armée défile, un caporal de la 9.me 151 brigade s'approche du Général en chef et lui dit: *Général, tu as sauvé la France. Tes enfans glorieux d'appartenir à cette invincible Armée, te feront un rempart de leurs corps: Sauve la république; que cent mille soldats qui composent cette Armée se serrent pour défendre la liberté.* Les larmes inondaient le visage de ce brave soldat.

Au dîner du Général en chef, où étaient une grande partie des officiers et des vétérans, on a porté les santés suivantes.

1.º Le Général en chef.

Aux mânes du brave Stengel mort aux champs de Mondovi: de la Harpe mort aux champs de Fombio: de Dubois mort aux champs de Roveredo, et à tous les braves, morts pour la défense de la liberté. Puissent leurs mânes être toujours autour de nous ; elles nous préviendront des embûches des ennemis de la patrie.

2.º Le Général Berthier.

A' la Constitution de l'an trois, et au Directoire exécutif de la République française : qu'il soit par sa fermeté digne des armées, et des hautes destinées de la République, et qu'il anéantisse les contre-révolutionnaires qui ne se déguisent plus.

La musique joue : *Ça-ira*

3.º Le Général Vignolle.

Au Conseil des Anciens ; puisse-t-il toujours, comme un rocher au milieu de l'océan, opposer une digue insurmontable aux projets des loix contre-révolutionnaires.

4.º Le Commissaire ordonnateur en chef Villemanzi.

A' la mémoire des 400 français assassinés dans Véronne : que leurs mânes plaintives soient appaisées.

5.º Un Vétéran couvert de blessures et ayant un membre de moins.

A' la réémigration des émigrés ;

6.º Un chef de Bataillon de la 12.me d'infanterie légère.

A' l'union des républicains français, puissent-ils à l'exemple de l'armée d'Italie et soutenus par elle, reprendre l'énergie qui convient au premier peuple de la terre.

7.º Le Général Lannes couvert encore de trois blessures reçues à *Arcole*.

A' la destruction du club de Clichy; les infâmes! ils veulent encore des révolutions! que le sang des patriotes qu'ils font assassiner, retombe sur eux.

La musique joue : *le pas de charge*.

8.º Le Général de Division Rey.

A' l'union de tous les soldats des armées de la République. Que les ennemis de la patrie périssent; et s'il le faut, que les soldats reconquierrent la liberté.

9.º Le Citoyen Serbelloni président du Directoire exécutif de la République Cisalpine.

Aux dix divisions de l'armée active d'Italie : qu'elles trouvent leur récompense dans la reconnaissance des peuples libres et l'admiration de la postérité.

A D R E S S E

DES CITOYENS COMPOSANT LA PREMIÈRE DIVISION DE L'ARMÉE,

COMMANDÉE PAR LE GÉNÉRAL MASSENA,
ET EN SON ABSENCE, PAR LE GÉNÉRAL DE BRIGADE BRUNE,

AU DIRECTOIRE EXÉCUTIF

Lorsque la paix est venue mettre fin à nos travaux, nous avons du jetter les yeux sur notre patrie. Quel tableau déchirant elle nous présente! La Constitution violée, le Gouvernement avili, les émigrés rentrés, les prêtres rebelles aux loix, protégés et honorés, les Républicains probes et vertueux, proscrits et égorgés, le poignard des Royalistes enfin, teint du sang des défenseurs de la patrie. Eh quoi! Pensent-ils ces monstres que huit ans de sacrifices, de combats, et de fatigues ont épuisé notre courage? croyent-ils qu'il ne nous en reste pas assez pour défendre la Constitution que nous avons jurée? Qu'ils tremblent les conspirateurs! Nous le tiendrons ce serment redoutable. Les glaives qui ont exterminé les armées des rois, sont encore dans les mains de celles du Rhin, de Sambre et Meuse, et de l'Italie.

La route de Paris offre-t-elle plus d'obstacles que celle de Vienne ? Non ; elle nous sera ouverte par les Républicains restés fidelles à la liberté : réunis, nous la défendrons, et nos ennemis auront vécu.

Suivent les signatures de tous les Citoyens composant la Division

A D R E S S E

DES CITOYENS COMPOSANT LA DEUXIÈME DIVISION ,

COMMANDÉE PAR LE GÉNÉRAL AUGEREAU ,

A LEURS FRÈRES D'ARMES DE L'ARMÉE DE L'INTÉRIEUR.

Des hommes couverts d'ignominie , avides de vengeance , saturés de crimes , s'agitent et complottent au milieu de Paris , quand nous avons triomphé aux portes de Vienne ; ils veulent inonder la patrie de sang et de larmes , sacrifier encore au Démon de la Guerre civile , et marchant à la lueur funèbre du flambeau de la discorde et du fanatisme , arriver à travers des monceaux de cendres et de cadavres , jusques à la liberté , qu'ils prétendent immoler ; et nous pourrions , nous qu'ils abhorrent , parceque nous en sommes les défenseurs , voir de sang-froid le progrès de leurs trames criminelles ? Ah ! qu'ils ne l'espèrent pas : trop long-tems nous avons contenu notre indignation : nous comptions sur les lois , les lois se taisent ; qui parlera désormais , si nous ne rompons le silence ? Le respect qu'on leur doit nous ferma la bouche ; leur danger nous la fait ouvrir.

Mais , qui peut calculer la perfidie des moyens employés par ces infâmes amis de la Royauté ? Suivez-les dans toutes leurs démarches , c'est toujours Machiavel à la main , qu'ils dirigent leur sombre conduite.

La continuation de la Guerre nous-est-elle avantageuse ? ils sollicitent la paix , leur ame sensible et généreuse , s'attendrit sur nos maux ; « mettons un terme aux malheurs du monde » s'écrient-ils d'une voix plaintive , et les pleurs du Crocodile baignent leurs paupières arides. La Victoire nous la promet enfin cette paix désirée , mais elle sera glorieuse , mais elle ramenerait dans leurs foyers des milliers de Républicains austères et courageux ; il faut en éloigner l'époque , disent aussitôt les Conspirateurs de Clichy ; et ils tentent d'ôter à la fois au gouvernement la considération , dont nos Victoires l'ont investi , et tous les moyens de nous faire subsister. Les insensés! comme si l'on pouvoit réduire à la famine 500 mille hommes, armés de bayonnettes : en attendant, ils applanissent, par la corruption et les poignards, la route du Trône à son ridicule prétendant. Nous les avons entendus les gémissements de nos frères égorgés par leurs détestables Sicaires ; ils retentissent dans nos coeurs ; leurs mânes sanglants errent au milieu de nos camps désolés, leurs accents douloureux se mêlent aux cris des oiseaux de la nuit, ils nous appellent aux armes, ils nous tourmentent dans nos songes, et leur image nous poursuit après le reveil. Appaisez-vous, ô vous qui avez péris ou par le canon des despotes, ou sur l'échafaud des factieux, ou par les couteaux des féroces partisans de la Monarchie ; appaisez-vous, victimes saintes, l'airain frémissant est prêt à sonner l'heure de la vengeance.

CONSPIRATEURS! Il est donc vrai que vous voulez la Guerre ; vous l'aurez, Méchants, vous l'aurez ; mais doutez-vous d'un instant du sort qui vous attend? Qu'osez-vous espérer de cette lutte inégale? Vous avez, nous en convenons, l'avantage du nombre ; vous êtes rusés, astucieux, perfides ; mais vous êtes encore plus lâches, et nous avons pour vous combattre du fer, des vertus, du courage ; le souvenir de nos victoires, et l'enthousiasme irrésistible de la liberté ; et vous, méprisables instruments des forfaits de vos Maîtres ; vous, qui dans votre délire osez vous croire des puissances, et n'êtes que de vils reptils ; vous, qui nous faites un crime d'avoir garanti vos propriétés, éloigné de vos murs les fléaux de la Guerre, et sauvé la PATRIE ; vous enfin, qui avez fait du mépris, de l'infamie, de l'outrage, et de la mort, le partage des défenseurs de la République, TREMBLEZ! *de l'Adige, au Rhin et à la Seine,* il n'y a qu'un pas : TREMBLEZ! vos iniquités sont comptées, *et le prix en est au bout de nos bayonnettes.*

Et toi gouvernement, toi à qui les lois nous unissent, *et que nous voulons défendre au péril de nos jours,* tourne tes regards vers les amis de la Patrie, protège-les, ils sont les tiens ; *ils veulent tous la Constitution de l'an 3,* qu'ils ont accepté et juré de maintenir dans toute son intégrité ; ils ne veulent plus *ni factions, ni révolutions, ni troubles, ni calamités;* ils veulent, fondateurs de la République, être soumis à ses lois, les chérir, les défendre, et mourir plutôt que de souffrir qu'il y soit porté atteinte.

CAMARADES de l'intérieur, la chaleur du sujet nous a emporté, ce n'était plus à vous que nous parlions, nous parlions avec vous... L'Armée d'Italie est sœur de toutes les autres ; elle les tient par la main, malgré les monts, les fleuves ; et si la Constitution était menacée, et que les Royalistes osassent accepter le combat, songez au dépôt précieux, qui vous est confié ; défendez les lois, et le gouvernement; souvenez-vous, que vous n'êtes que l'avant-garde des phalanges de la liberté, et que nous marchons derrière-vous, déterminés à vaincre.

Suivent les signatures de tous les Citoyens composant la Division.

A D R E S S E

DES CITOYENS COMPOSANT LA TROISIÈME DIVISION,

COMMANDÉE PAR LE GÉNÉRAL BERNADOTTE,

AU DIRECTOIRE EXÉCUTIF.

La constitution républicaine semble menacée. Il répugne à nos ames sensibles et généreuses de le croire; mais si le fait est vrai, si les conspirateurs ont formé le projet de porter une main sacrilège sur le gouvernement, qui est le dépositaire des lois et la sentinelle du peuple, parles; un plus long silence seroit faiblesse et rendroit ses ennemis plus insolens. Les mêmes bras qui ont assuré l'indépendance nationale, les mêmes Chefs qui ont guidé les phalanges, existent encore. Avec de tels appuis, avec de telles sauvegardes, vous n'avez qu'à vouloir, pour faire disparaître les conspirateurs du tableau des vivans. Vous nous êtes responsables de l'exécution de la Constitution. Vous devez protéger nos familles, et nous assurer une vieillesse paisible et tranquille : que de titres n'avez vous donc pas à notre obéissance !

Suivent les Signatures de tous les Citoyens composant la Division.

A D R E S S E

DES CITOYENS COMPOSANT LA QUATRIÈME DIVISION,

COMMANDÉE PAR LE GÉNÉRAL SERRURIER,

AU DIRECTOIRE EXÉCUTIF.

Les horreurs qui se commettent depuis longtems en France, ont excité en nous la plus vive, et la plus juste indignation; nous savons que chaque jour est marqué par l'assassinat des Républicains les plus purs. Nous savons que les auteurs de ces Assassinats sont les émigrés et les Prêtres Réfractaires rentrés. Il est temps de mettre fin à tant de crimes, et de convaincre ces monstres qu'ils se flattent en vain de nous donner de nouvelles chaînes. Ont-ils donc oublié les sacrifices que nous avons faits, et que nous ferions encore, s'il le fallait, pour jouir d'un Gouvernement libre ? Qu'ils sachent que ce serment sacré, LA RÉPUBLIQUE OU LA MORT, est gravé en caractères de feu dans le coeur de tous les Défenseurs de la Patrie !

Parlez, CITOYENS DIRECTEURS; parlez, et aussitôt les Scélérats qui souillent le sol de la liberté n'existeront plus. Il vous suffira sans doute, pour les anéantir de détacher quelques uns de nos braves frères d'armes des Armées de Rhin et Moselle, et de Sambre et Meuse. Nous désirons partager avec eux l'honneur de purger la France de ses plus cruels ennemis.

Vous devez être bien tranquilles, CITOYENS DIRECTEURS, sur notre position relativement à l'étranger : s'il osait recommencer les hostilités, nous les combattrions avec le courage que nous avons toujours montré.

Comptez sur notre entier dévouement au maintien de la CONSTITUTION de l'an 3, nous en renouvellons le serment entre vos mains, et nous en prennons à témoin les Mânes de nos braves Compagnons d'armes morts au Champ d'honneur.

Suivent les signatures de tous les Citoyens composant la Division.

A D R E S S E

DES CITOYENS COMPOSANT LA CINQUIÈME DIVISION,

COMMANDÉE PAR LE GÉNÉRAL JOUBERT,

A' L'ARMÉE DE L'INTÉRIEUR.

LE Royalisme lève sa tête audacieuse et multiplie les meurtres dans tous les Départemens ; le Sacerdoce fascine les yeux, échauffe les têtes, éguise les poignards : on suit ouvertement dans la Législature l'exécution d'un plan combiné pour rétablir le trône ; une loi liberticide est à peine passée qu'une autre est proposée ; on accuse sans pudeur le Directoire dans le quel repose le dépôt de nôtre Constitution acceptée par nos Armées, et reconnue par tous les Français ; on accuse le Citoyen qui a rendu les services les plus signalés, et qui, dans cet instant se trouve chargé des intérêts les plus grands pour couronner les travaux de toutes les Armées par une paix glorieuse, qui affermiroit la République et anéantiroit toutes les factions, tous les partis, pour ne laisser survivre que celui des amis du Gouvernement. Ajoutez à cet apperçu rapide, la rentrée en masse des émigrés, dont on se félicite officiellement dans les discours des Conseils, les cris de mort, les hurlemens effroyables des journalistes de Louis dixhuit, et vous aurez le tableau lugubre de la contrerévolution naissante.

Eh quoi, Camarades ! nous aurions versé tant de sang pour la prospérité de notre patrie, pour sa gloire, et nous la verrions encore replongée dans les désordres de l'anarchie, dans les fureurs des guerres civiles ! L'odieux Capet, qui depuis six ans promène son opprobre d'État en État, toujours chassé par nos phalanges républicaines, les mettroit aujourd'hui sous le joug ? Si cette idée est révoltante pour tout Citoyen que l'amour de la patrie a aiguillonné une seule fois, combien ne l'est elle pas davantage pour les vieux Soldats de la République !

Volontaires de l'Armée de l'intérieur ! les mêmes hommes que vous repoussâtes si souvent sur les bords du Rhin, que vous humiliâtes si complettement à Quiberon, ces mêmes hommes sont dans Paris et dans tous les Départemens ; ils forment une Armée en présence de la vôtre. Fermes dans vos principes, obéissez à la voix du Directoire, soyez fidelles à votre gloire, faites un rempart de vos corps à la Constitution que vous avez juré de maintenir ; et convaincus qu'elle n'abandonnera jamais les Drapeaux Républicains, comptez sur la victoire.

De leur côté, les Armées qui attendent en Italie et en Allemagne la décision de la Paix, conservant leur contenance fière, fixeront avec intérêt les yeux sur vous ; confiant dans votre zèle applaudiront à vos efforts ; et si jamais ils étaient impuissans, si jamais le gouvernement avoit été attaqué avec succès, votre point de ralliement est au milieu de nous ; nous jurons tous individuellement par les mânes des héros que nous venons d'honnorer, par ce courage tant de fois éprouvé et toujours fatal à nos ennemis, nous jurons tous la mort aux factieux et le triomphe de la liberté avec la Constitution de l'an TROIS.

Suivent les signatures des Citoyens de toute la Division.

ADRESSE

DES CITOYENS COMPOSANT LA SIXIÈME DIVISION,

COMMANDÉE PAR LE GÉNÉRAL BARAGUEY D'HILLIERS,

AU DIRECTOIRE EXÉCUTIF.

Plus les cris contre-révolutionnaires se font entendre dans l'intérieur de l'état ; plus la Liberté publique et la Constitution Républicaine, que nous avons tous juré de défendre, sont menacées, plus le devoir sacré de tous les bons Citoyens est de se montrer au grand jour, et de manifester aux premiers Dépositaires de l'autorité publique, leurs sentiments et leur confiance.

C'est dans cette intention, CITOYENS DIRECTEURS, que nous renouvellons ici entre vos mains le serment solemnel de haine aux Factieux, de Guerre à mort aux Royalistes, de Respect et de Fidélité à la Constitution de l'an 3. Conservez par votre sagesse ce dépôt sacré que les loix vous confient ; comptez toujours sur notre zèle : nos bayonnettes en tout tems sont et seront prêtes à la défendre contre ses ennemis du déhors et du dedans.

Suivent les signatures de tous les Citoyens de la Division.

ADRESSE

DES CITOYENS COMPOSANT LA SEPTIÈME DIVISION

COMMANDÉE PAR LE GÉNÉRAL DELMAS,

AU DIRECTOIRE EXÉCUTIF.

De toute part on nous annonce que les ennemis de la chose publique se sont enfin réunis, pour porter le dernier coup au gouvernement républicain, et qu'ils poussent leurs prétentions jusqu'à vouloir attenter à notre liberté.

Purement militaires , nous ne connoissons de style que celui de la franchise; et , persuadés que des républicains vertueux qui parlent à des hommes qui partagent leurs sentimens sont toujours assez éloquens , nous allons nous borner à vous rappeller que nous avons juré la Constitution de l'an trois , et que nous avons juré de défendre, jusqu'à extinction de chaleur naturelle, la liberté de notre pays .

Nous ne serons pas parjures .

Si les Conspirateurs prennent notre patience à endurer les maux qui déchirent depuis longtems notre patrie , pour de la faiblesse , qu'ils tremblent d'avance de l'erreur .

DIRECTEURS, attestez à tous les partis que nous ne capitulerons point; et que s'il étoit possible que jamais la liberté périsse, nous sommes tous déterminés à nous ensevelir sous ses ruines .

Suivent les signatures de tous les Citoyens composant la Division

ADRESSE

DES CITOYENS COMPOSANT LA HUITIÈME DIVISION,

COMMANDÉE PAR LE GÉNÉRAL VICTOR,

AU DIRECTOIRE EXÉCUTIF.

En écoutant le cri de nos coeurs, nous nous faisons un devoir de vous exprimer notre juste indignation ! Quoi! la République triomphante par ses Armées de tous les efforts des despotes coalisés, est insultée, trahie, et plus exposée que jamais? Quoi ! après avoir forcés nos ennemis extérieurs à nous demander une paix qui nous couvre de gloire, toutes les lois constitutionnelles, pour lesquelles nous avons versé tant de sang, seroient anéanties? Pensent-ils ces implacables ennemis de nos concitoyens que les Armées n'existent plus ? Ou ont-ils pu s'imaginer qu'elles resteroient tranquilles spectatrices de leurs forfaits? Plutôt mille fois mourir !!! Les vertueux patriotes, persécutés, assassinés ; les prêtres protégés, sonnant par-tout le tocsin de la discorde et de la guerre; les royalistes levant leurs têtes criminelles, provoquant le meurtre et l'assassinat ; les émigrés dégoûtants encore du sang de nos frères d'armes, rentrants en foule pour partager des crimes dont l'horreur fait frémir, sont des atrocités que ceux qui combattent depuis six ans pour conquérir leurs droits, ne peuvent plus tolérer ! ! ! Oui. Nous jurons guerre impitoyable à tous les ennemis de la Liberté, de la République et du Gouvernement ! ! ! Nous voulons que les loix constitutionnelles soient respectées, exécutées, et qu'elles frappent sans pitié tous les ennemis de notre juste cause. Il est temps d'apporter un terme à l'excès de leurs abominations. Plus d'indulgence, plus de demie-mesure; *La République ou la Mort.*

Suivent les signatures de tous les Citoyens composant la Division.

A D R E S S E

DES CITOYENS COMPOSANT LA DEUXIÈME DIVISION DE CAVALERIE,

COMMANDÉE PAR LE GÉNÉRAL DUMAS,

AU DIRECTOIRE EXÉCUTIF.

L'olive de la paix offerte et acceptée nous donnoit l'espoir de revoir bientôt notre chère Patrie. Les peines, les fatigues, les privations en tout genre, nos maux enfin étoient oubliés; nous nous étions livrés à la joie; et notre joie, hélas ! s'est changée en douleur. Nous apprenons avec indignation que notre mère commune est déchirée par les monstres qu'elle avoit pour toujours réjettés de son sein ; que le royalisme en un mot avoit levé sa tête audacieuse, et lançait par-tout des regards furieux et menaçants. Qu'espèrent ils donc ces hommes avides de sang, en promenant leur poignards sur la tête des patriotes, et en assassinant nos braves frères d'armes rentrants dans leurs foyers? Le sol de la Liberté n'est donc plus qu'un champ de carnage? Pensent-ils que nous n'avons si long temps combattu que pour leur assurer des triomphes? ils se trompent; et le fer, qui nous a été confié pour la cause de la Liberté, sera pour eux à double tranchant. Plus le danger est imminent, CITOYENS DIRECTEURS, plus il vous faut d'énergie. Vous connoissez le patriotisme pur de l'Armée d'Italie ; comptez sur elle. Depuis le chef qui la commande jusqu'au plus jeune des Soldats, sa volonté n'est qu'une: exécrer les rois, les séditieux, protéger le gouvernement, les républicains, et défendre jusqu'au dernier soupir la constitution de l'an trois.

Suivent les signatures de tous les Citoyens composant la Division.

LES CITOYENS COMPOSANT L'ÉTAT MAJOR GÉNÉRAL DE L'ARMÉE D'ITALIE.

A LEURS FRÈRES D'ARMES DE L'ARMÉE DE L'INTÉRIEUR.

CAMARADES !

C'est avec indignation que nous avons vu les intrigues du royalisme, vouloir menacer la Liberté.

Notre voix s'est aussitôt mêlée à celle de tous nos Camarades. Animés des mêmes sentimens, et emportés par le même élan, manifestés dans les adresses de nos Compagnons d'armes, nous avons juré de maintenir la Constitution de l'an *Trois*, de défendre la liberté, de soutenir le gouvernement et les Républicains.

Nous avons juré par les mânes des héros morts pour la patrie, guerre implacable à la Royauté et aux Royalistes.

Tels sont nos sentimens, tels sont les vôtres et ceux des patriotes. *Qu'ils se montrent, les Royalistes, et ils auront vécu.*

Suivent les Signatures de tous les Officiers composant l'État Major de l'Armée d'Italie.

A D R E S S E

DES CITOYENS COMPOSANT LA COLONNE MOBILE,

COMMANDÉE PAR LE GÉNÉRAL BON

AU DIRECTOIRE EXÉCUTIF.

CITOYENS DIRECTEURS,

Nous ne pouvons tourner nos regards vers la patrie, sans frémir d'horreur à la vue de tant de crimes et de maux qui la couvrent de deuil. Ils vous sont trop connus pour vous en présenter le tableau déchirant ; mais nous venons vous dire que le sang des patriotes , tous les jours assassinés par les féroces contreré-volutionnaires , crie vengeance au fond de nos coeurs ; que les gémissements douloureux de leurs femmes et de leurs enfants , ont retenti jusques dans nos camps ; nous venons vous dire aussi , qu' il est tems de mettre un terme aux forfaits du Royalisme . Ordonnez : les Soldats de la liberté sont là , pour faire triompher les lois de la République et venger les Républicains outragés .

Suivent les signatures de tous les Citoyens composant la susdite Colonne mobile .

A D R E S S E

DES CITOYENS COMPOSANT LA DIVISION FRANÇAISE

DANS LA CI-DEVANT LOMBARDIE ,

COMMANDÉE PAR LE GÉNÉRAL DE BRIGADE VIGNOLLE ,

AU DIRECTOIRE EXÉCUTIF.

Les Militaires de la Division Française dans la ci-devant Lombardie , non moins pénétrés d'indignation que leurs Frères d'armes des autres Divisions , en apprenant les maux que ne cessent de répandre sur la Patrie les ennemis de la République , tout en invoquant les principes d'humanité que démentent journelle-ment leurs trâmes criminelles , s'empressent , CITOYENS DIRECTEURS , de vous assurer qu'ils ne souffriront jamais que l'on renverse impunément la Constitution qu'ils ont tous jurés de maintenir et de défendre au péril de leur vie ; ils joi-gnent à ce serment , celui gravé pour toujours dans leur coeur : *Guerre implaca-ble aux Royalistes , aux Anarchistes , et à tous les ennemis indistinctement de la République .*

Suivent les Signatures de tous les Citoyens composant la susdite Division .

Certifié la relation , et les adresses individuelles ci-dessus , conformes aux originaux envoyés au Directoire .

Le Général Divisionnaire Chef de l'État Major Général.

ALEXANDRE BERTHIER.

www.ingramcontent.com/pod-product-compliance
Lightning Source LLC
LaVergne TN
LVHW010123060726
842524LV00005B/1685